P9-ECT-460

Эта книга принадлежит:

_____

_____

АНДРЕЙ УСАЧЁВ
ВИКТОР ЧИЖИКОВ

Город Смеха

Санкт-Петербург
2012

УДК 82-93
ББК 84(2Рос=Рус)6
У74

Иллюстрации *Виктора Чижикова*

Дизайн обложки *Владимира Ноздрина*

Усачёв А.

У74   Город Смеха : Стихи. — СПб. : Азбука, Азбука-Аттикус, 2012. — 64 с. : ил. — (44 весёлых стиха).

ISBN 978-5-389-02039-9

Обычная книга делается так: писатель или поэт сочиняет текст и даёт его художнику, чтобы он нарисовал иллюстрации. А с этой книгой получилось всё наоборот! Заслуженный художник России Виктор Чижиков более полувека рисовал в журналах — «Мурзилка», «Весёлые картинки», «Пионер», а также во взрослых изданиях — «Вокруг света» и «Крокодил». Совсем недавно Андрей Усачёв собрал эти рисунки и написал к ним весёлые стихи.

Так два Мастера — замечательный Художник и талантливый Поэт — построили целый «Город Смеха», на страницах которого ребят ждут загадки и считалки, забавные путаницы и нелепицы, и даже... весёлые уроки рисования!

УДК 82-93
ББК 84(2Рос=Рус)6

© А. Усачёв, 2011
© В. Чижиков, иллюстрации, 2011
© ООО «Издательская Группа „Азбука классика“», 2012
Издательство АЗБУКА®

ISBN 978-5-389-02039-9

Поздравляем
С НОВЫМ ГО...

Поздравленье мне прислали.
Я не понял ничего.
На открытке написали:
«ПОЗДРАВЛЯЕМ С НОВЫМ ГО...»

Я прочёл четыре раза,
И ещё четыре раза,
И ещё четыре раза,
И ещё пять раз прочёл...
А потом вдруг понял фразу —
И обрадовался сразу,
И от радости расцвёл!

После школы

Известно всем соседям
И воробьям на ветке:
Какие умный Федя
Несёт домой отметки!

Катание на санках

Вовка выбился из сил —
Он снеговика возил.

А когда совсем устал,
Снеговик его катал.

Прилетай к нам, Дед Мороз!

У дедушки Мороза тяжёлая работа.
Никак не обойтись ему без вертолёта:
Подарки всем ребятам он должен привезти...
Ах, дедушка, скорее на ёлку к нам лети!

Разговор со снегирём

Говорю снегирю:
— Ты похож на зарю!
А снегирь мне в ответ:
— Разумеется, нет!
Это заря —
Цвета снегиря!
И калина с рябиной —
Расцветки снегириной!
И румяная щека —
Тоже цвета снегирька!
И даже фонари
Горят как снегири!

Вся жизнь, короче говоря,
Была б тусклей без снегиря!

Кто же это?

Кто с огромнейшим мешком
Через лес идёт пешком?
Может, это людоед?
— Нет.

В шубу ватную одет —
Кто зажжёт на ёлке свет?
Может, это наш сосед?
— Нет.

Кто наполнит каждый дом
Самым добрым волшебством?
Чародей с других планет?
— Нет.

Кто же это?
Вот вопрос!
Ну, конечно...

(Дед Мороз)

Десять лыжников

Считалка

Славный выдался денёк.
Вася врезался в пенёк.
А его приятель Федя
Повстречал в лесу медведя.
Саша с Катей дружно — хлоп!
И вдвоём в один сугроб.
Уронила Галка палку,
Дальше продолжай считалку...
Сосчитай до десяти
И попробуй всех найти!

Я распутывал полдня:
Где и чья в лесу лыжня?..

Мальчишки-хвастунишки

Шли из школы хвастунишки.
Громко хвастались мальчишки.
— Я, — сказал Иван, — братва,
Не боюсь ни капли льва!

Вася хмыкнул: — Встречу рысь
И скажу ей смело: «Брысь!»
Петя волка не боялся,
Федя с тигром бы обнялся...

Вдруг навстречу — страшный зверь!
Ну, и где они теперь?
(А ещё скажите, дети,
Кто оставил свой портфель?)

Куда девался заяц?

Шли по заячьему следу...
Где же заяц? Зайца нету.

Видно, на подножке где-то
Едет зайцем, без билета!

Охота на зайца

Окружили волки зайца,
Но заяц спортом занимается.

И вот благодаря зарядке
Зайчишка спасся. Всё в порядке!

Почему так смеялись ребята?

Мухин Серёжа есть в классе у нас.
Хвастался всем, что в Москве был не раз:
Был в зоопарке, в театре бывал...
А то, что увидел, — нарисовал.

Вот удивлялись сельские жители —
Те, что ни разу город не видели.
Нам же несложно понять по рассказу:
Не был Серёжа в столице ни разу.

И почему так смеялись ребята,
Это вам тоже, надеюсь, понятно?

Потоп

Отчего сегодня
Случилось наводненье?
Не купили Вове
Мяч на день рожденья,
А ещё не дали
Блинчиков с сиропом...
Ох, боюсь, всё это
Кончится потопом!

Город затопило
Море горьких слёз.
Все кричат: — Спасите!
Помогите! СОС!

Без конца Правительство
Шлёт радиограммы:
Граждане родители,
Папы или мамы...

ЕСЛИ БУДУТ ПЛАКАТЬ ДЕТИ,

ЖИЗНЬ ПРЕКРАТИТСЯ НА ПЛАНЕТЕ!

Город Смеха

Вы видали город Смеха?
Там весь день идёт потеха.
Как ни выглянешь в окно —
Интересней, чем в кино...

Здесь площадки игровые,
Там оркестры духовые —
То ли маршами гремят,
То ли трубами дымят.

А к ребятам в день рожденья
Едет цирк на выступленье:
В небе клоуны летят —
Рассмешить весь мир хотят.

Рыбы могут кукарекать,
И мычит гиппопотам.
Солнце катится от смеха,
Видя, что творится там.

Лучший в мире — город Смеха!
Что другие города?!
Если ты в него приехал —
Не уедешь никогда!

Город Чепуховск

В знаменитом Чепуховске
Все живут наоборот:
Там по улицам машины
Ходят задом наперёд.

Над домами
Вверх ногами
Птицы носятся кругами,
И собак гоняет кот...
Всё у них — наоборот.

Круглый год народ гуляет:
Летом в шубах щеголяет,
А зимой наоборот —
В шортах бегает народ.

Дети в этом Чепуховске
Покупают взрослым соски,
И катают их в коляске,
И рассказывают сказки.

Если в доме лифт сломался

Если в доме лифт сломался,
Выход мы найдём всегда:
Будем спортом заниматься —
Каждый день туда-сюда.

Подниматься раз по двадцать,
А затем спускаться вниз —
Так через неделю, братцы,
Мы освоим альпинизм!

Только старым людям нужно
(И помочь я им прошу!)
Подниматься — шар воздушный,
А спускаться — парашют!

Плывёт в океане троллейбус

Плывёт в океане троллейбус.
По небу летит пароход...
— Да это же просто нелепость! —
Шумит возмущённый народ.

— Кто глупость придумал такую
И кто рисовал этот бред?
— Картин я совсем не рисую, —
Смутившись, ответит поэт.

И скажет художник: — Друзья!
Войдите в моё положение:
Картину придумал не я...
Работало Воображение!

Сказочная школа

Захотелось сказочным героям:
— Сказочную школу мы построим!
Терем в центре сказочной чащобы
С классами для сказочной учёбы.

Будет в нём компьютер с Интернетом,
Флигель с медицинским кабинетом,
Сказочный спортзал там будет новый,
И нельзя без сказочной столовой!

Дружно все решили после стройки
Получать не двойки и не тройки...
— Да! — Иван-дурак кричал в восторге. —
Только настоящие пятёрки!

Вот какая сказочная школа
В сказочном лесу возникнет скоро:
И учиться все герои сказок
Станут в ней серьёзно,
Без подсказок!

Угадайте сказку!

Представьте картину.
В чащобе темно.
Чудовище страшное лезет в окно:
Четыре хвоста и четырнадцать ног...
Разбойники ахнули — и наутёк!

Прятки

Илье найти необходимо:
Серёжу, Славика, Вадима.
Марину, Петю или Витю...
Кого застукал он — найдите!

Лев-живописец

Говорят, что львы в саванне
Обожают рисованье:

Выводить цветные пятна
И мурлыкать над холстом...
Но особенно приятно
Рисовать своим хвостом!

Как рисовать кота

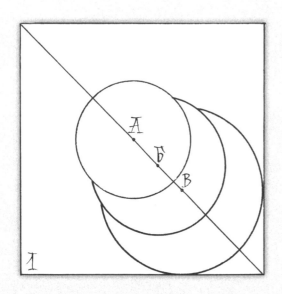

Как нужно рисовать кота?
Не стоит начинать с хвоста.
Сначала сделай три кружка:
И выйдут зад, бока, башка.

Пускай наш кот немного толст —
Рисуем уши, лапы, хвост,
Широкую улыбку,
Как будто съел он рыбку.

Глаза, как щёлки, у котов.
Теперь портрет почти готов.

Карандашом кота раскрасим
И назовём, допустим, Васей.

Как рисовать бульдога

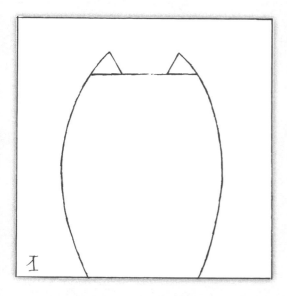

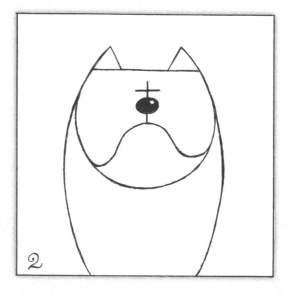

Возьмёмся рисовать бульдога.
Сперва он схож с яйцом немного.

Теперь дугу рисуем твёрдо.
Смотрите, появилась морда.

Добавим ноги и клыки,
А остальное — пустяки.

Да, это не каляки,
А портрет собаки!

Как рисовать поросёнка

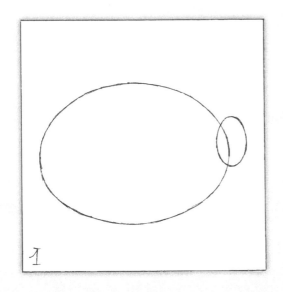

Сначала я нарисовал
Большой и маленький овал.

Немного завитушек
Для пятачка и ушек.

И вышел на картинке
Портрет весёлой свинки.

(Прошу вас только не забыть
Про хвостик и щетинки!)

Как рисовать петуха

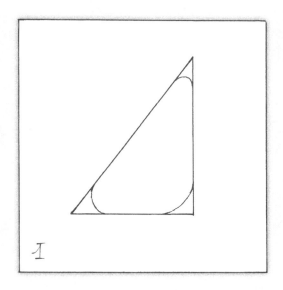

За карандаш, дошкольник!
Рисуем треугольник.

Затем вверху — кружок,
Чуть выше — гребешок.

Вот хвост дугою длинной
Выводим петушиный.

Прекрасный вышел петушок.
А заодно к нему — стишок.

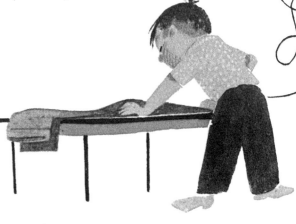

***

С длинным носом по утрам
Он гуляет по коврам.

(Пылесос)

***

Он ходит плавно взад-вперёд
И чуть дымит, как пароход.
Но ходит он не по волнам,
А по рубашкам и штанам.

(Утюг)

***

Я — бегу, она — бежит,
Я — стою, она — лежит.

(Тень)

***

На затылке — вилка,
За ней идёт бутылка,
Позади — метёлка.
Получилась...

(Тёлка!)

С...ЖКА
Р....КА
ПО...Л

Загадочные слова

Впишите цифры, дети,
3, и 1, и 2...
И прочитайте эти
Знакомые слова.

В них не увидишь
Смысла,
Пока не впишешь
Числа!

Телевышка

Антенна падала со шкафа...
Пришлось на дачу взять жирафа!

На мешках

Спать можно в подвале,
Спать можно в чулане,
На лавке, на печке,
На мягком диване.

Но самый приятный
И сладостный сон,
Когда под тобою —
Еды пара тонн!

Кошмар

Бедный мышонок не может уснуть...
Снится мышонку разная жуть.

Мама картину сняла со стены:
— Пусть тебе снятся добрые сны!

Рыбки

— Ну-ка, рыбки, погуляйте!
Далеко не заплывайте...

Эх, они не воротились —
Видно, в речке заблудились!

Над речкой

Тихонько плещет рыба.
Блестит в тумане речка.
Серёга влез на иву —
Отличное местечко.

Дружок не любит рыбу,
И страсти нет к купанию...
Зачем он влез на иву?
Да просто за компанию!

Одинокий ботинок

Гуляет по оврагам
Ботинок одинокий.
Глядит с тоской, как мимо
Спешат чужие ноги...

Никто его, бедняжку,
Не вытрет на крылечке,
Не вымоет в прихожей,
Не высушит у печки.

И мальчик одинокий
Всё бродит по тропинке —
Ну как же он вернётся
Домой в одном ботинке?

Весенний концерт

Ту-ру-ру! Вставайте,
Сонные тетери!
На лесной поляне
Выступают звери.
Встали спозаранку
Лисы и еноты,
Вышли на полянку,
Разложили ноты.
Заиграли дружно
Волки и медведи
Так, что их послушать
Прибежали дети.

Ту-ру-ру!
Ту-ру-ру-ру!
Зазвучало поутру.

Сразу всё в лесу
Запело и проснулось.
Даже солнце в ясном небе
Улыбнулось.
И цветочки у пригорка
Расцветают,
А сосульки от восторга
Просто тают!

В первый класс!

Быстро время мчится.
Лето на исходе.
В первый класс учиться
Старый друг уходит.

Не берёт он мишку,
Не берёт лошадку,
А берёт он книжку,
Ручку и тетрадку.

— До свиданья, слоник!
До свиданья, зайчик!
Я теперь ведь школьник, —
Улыбнулся мальчик. —

Но грустить не нужно —
Поиграем летом!
И своим игрушкам
Помахал букетом.

Плохая погода

Смотрит Вовка в окошко, вздыхая
И под нос себе тихо бубня:
— Говорят, что погода ПЛОХАЯ,
А гулять не пускают МЕНЯ!

Шла собака под зонтом

Шла собака под зонтом...
Что случилось с ней потом?

Дождь прошёл. И без зонта
Шла потом собака та.

Дождливая страница

Нарисовал художник
На всю страницу дождик.
Дождь хлещет как из лейки
На крыши и скамейки,
На грядки и заборы,
На кошек с петухами...
Глядишь, промокнет скоро
Вся книга со стихами.

Но все вокруг смеются
И под дождём танцуют:
— На следующей странице
Нам солнце нарисуют!

Муравьиная считалка

Вышел дружный муравейник
Рано утром на пикник:
Через клевер и репейник,
Через горы напрямик.

Вышел дружный муравейник
И тащил с собой с утра:
Самовар, котёл, кофейник,
Три кастрюли, два ведра.

Перебрались через речку
К земляничному местечку.
Старший громко крикнул: — Стоп!
Начинай варить сироп!

Кузнечик

Кузнечик каждый вечер
На скрипочке играл.
Но скрипочку кузнечик
Однажды потерял.

Сидит он на травинке
И смотрит в небеса.
И капают слезинки
На землю, как роса.

Но утром встанет солнце,
Осветит небосвод.
Кузнечик засмеётся
И скрипочку найдёт.

Прилёт героя

— Смотрите, подлетает! —
Шумит аэродром.
Все встретиться мечтают
С геройским комаром.

Любому муравьишке
Портрет его знаком.
Они читали в книжке
О битве с пауком.

Освободил он муху
Из паучиных лап.
Какая сила духа!
И телом он не слаб!

Встречает населенье
Лихого комара.
Восторг и восхищенье:
— Ура! Ура! Ура!

Ехал лесом грузовик

Ехал лесом грузовик
По оврагам напрямик.
Вёз пшеницу в город он
И просыпал пару тонн.

Прибежали два мышонка:
— Красота! Смотрите, пшёнка!
Просто праздник у бобра:
— Каша — это не кора!

Дружно бросились к дороге
Зайцы, белки и сороки —
Кто с тарелкой, кто с мешком,
Кто с походным рюкзаком.

Лишь один зайчишка грустный.
— Ты не любишь пшёнки вкусной?
— Я капусту прозевал...
И с морковью самосвал!

Туристы прошли

Разговор с мышонком

Хорошо в лесу мышонку:
Ест он кашу и тушёнку,
Рыбу, суши и бобы —
Для чего искать грибы?

А какой отменный рис-то
Остаётся от туриста!
А какую колбасу
Он вчера нашёл в лесу!

Полный сервис на полянке:
Упаковки, банки, склянки —
Ешь хоть десять раз на дню
Ресторанное меню!

Чиж ему сказал сердито:
— Превратился в свалку лес!
— Но зато живём мы сыто —
И у нас теперь прогресс!

Три спортсмена

Три спортсмена смотрят гордо.
Все они — герои спорта.
А кто чем занимается,
Пусть дети догадаются!

Вредные отходы

День и ночь в речные воды
Льются вредные отходы:
Льют их фабрики, заводы,
Катера и пароходы.

Еле дышат рыбы бедные:
— Эти люди очень вредные!

Почему покраснели помидоры

Нет глупее разговоров,
Чем беседы помидоров, —
Целый день болтают вздор:
Мы на свете всех круглее,
Мы арбузов тяжелее,
Толще солнца, выше гор!

Если кто подслушает
Эти разговоры,
То смутятся тут же и...
Краснеют помидоры!

В деревне

Хорошо в деревне летом:
Можно плавать, загорать,
По грибы ходить с рассветом,
И малину собирать,

Босиком бродить по пашне,
И пойти с друзьями в лес,
И варить в походе кашу —
С комарами или без,

Сорняки полоть на грядке,
И играть с друзьями в прятки,
И кувшинки в речке рвать.
Можно лазать по заборам...
А потом приехать в город
И всё-всё нарисовать!

На день рожденья!

Спешит куда-то детский сад:
Шагают двадцать пять ребят,
Несут подарки, угощенья...
Не у тебя ли день рожденья?!

Астроном

Сел голодный астроном
К телескопу перед сном...
И увидел не кометы,
А летящие конфеты,

Следом мчатся метеоры,
Как большие помидоры.

Звёзды ярко светят с неба,
Точно соль на корке хлеба.

А солнышко над крышей,
Как подсолнух рыжий...

Жаль, что сырная Луна
На рассвете не видна!

Трубач и трубочист

Трубач любил свою трубу,
А трубочист — свою.
Трубач играл в свою трубу,
А трубочист — в свою.

А вечерами трубочист
Звал в гости трубача:
Они сидели на трубе,
Они играли на трубе
И, громко хлопая себе,
Плясали «ча-ча-ча»!

Подарок

Моей знакомой лошади
Сегодня восемь лет.
Подарю я лошади
Цветов большой букет.

Лошадь их поставит в вазу
И не станет кушать сразу.

Часы

Часы идут за днями дни.
Часы бегут за веком век...
— Куда торопитесь, часы? —
Спросил однажды человек.

Часы ужасно удивились.
Задумались.

Остановились.

Баран с баранками

Встал барашек спозаранок,
Взял в поход рюкзак баранок:
Не один идёт в поход —
Он с баранками идёт!

В доме кончилась вода

В доме кончилась вода?
Не беда.
Из ручья её возьмём
И пруда.

Если мы притащим в дом
Таз, ведро и кадку —
Закалимся. И притом
Сделаем зарядку!

Как спят коты?

А знаешь ты,
        а видел ты,
Как аппетитно спят коты?

Сосиской —
        кот свернулся тощий,
А колбасою —
        кот потолще!

Ослик

Все говорят: «Осёл упрям».
А ослик бы ответил нам,
Что он хороший, добрый, милый...
Когда его не тащат силой!

Колбасная сказка

Расскажу вам, дети, сказку.
Барсик утащил колбаску:

Не московскую
И не псковскую,
Не одесскую
И не краковскую...
— А какую же?

— Псово-собаковскую!

Летающий волк

Я видел, как волк пролетал в облаках.
Не знаю куда,
и откуда,
и как?

О случае этом я думал полдня,
И вдруг осенила догадка меня.

Была у загадки отгадка простая:
Летел он на юг —
И отбился от стаи!

Кото-верто-хвостолёт

Летающие рыбы?
Летающие мыши?
Коты летать могли бы
Куда быстрей и выше!

Понятно, что не мыши
Их манят в даль небес...
А что котами движет?

Спортивный интерес!

Крококот

Вольный перевод сказки Д. Биссета

Однажды скрестили кота с крокодилом.
Зверёк получился забавным и милым.
С одной стороны был он вылитый кот,
С другой — разумеется, наоборот.

Один обожал забираться на крыши
И слушать, как в подполе бегают мыши,
Другой по субботам на дайвинг ходил
И плавал неплохо... как крокодил.

Тянул крокодил его из дому к речке.
Коту же хотелось погреться на печке.
— В холодную воду? — вопил. — Ни ногой!
Но рыбу любили и тот и другой.

Когда на него нападала собака,
Зверёк ощущал себя как-то двояко:
С одной стороны он пугался как кот,
С другой — совершенно наоборот.

Нелепым и странным казался он многим,
Зато никогда не бывал одиноким:
Часами беседовать мог сам с собой
В волшебном сиянье луны голубой.

В ночной тишине начинал кот мурлыкать,
А крокодил — хриплым голосом рыкать...
Под вечер смотрели они на луну,
И песню в два голоса пели одну.

Компания Бабы-Яги

Ну и компания
У Бабушки-яги!
Четыре лапы, два крыла и две ноги.

Старушку возят две ноги,
А два крыла
С ней обсуждают разные дела.

Четыре лапы
Бродят ночью по чулану
И лижут масло
И хозяйскую сметану!

Я хочу стать моряком!

— Эй, послушай, морячок! —
Говорит бурундучок. —
Я могу на мачту влезть.
У меня полоски есть.
Я готов на абордаж,
Если ты мне кортик дашь!
Ты возьмёшь меня в поход?
Отвечает боцман-кот:

— Выла буря как белуха.
Я оглох на оба уха.
Говори погромче, друг.
Снова начал бурундук:

— Я могу на мачту влезть.
У меня полоски есть.
Я готов на абордаж,
Если ты мне кортик дашь!
Ты возьмёшь меня в поход?
Отвечает боцман-кот:

— Что? Погромче говори!
Кашалот тебя сожри!

Бурундук на весь причал
Что есть мочи закричал:

— Я могу на мачту влезть!
У меня полоски есть!
Я готов на абордаж,
Если ты мне кортик дашь!..

— Ладно, — хмыкнул мореход. —
Я возьму тебя в поход...
Только больше не ори!
Кашалот тебя сожри!

Кошачий концерт

Вы были хоть раз
На кошачьем концерте?
Нет музыки в мире ужасней,
Поверьте!

Хоры и дуэты,
Солисты и барды
Вопят с каждой крыши,
Из каждой мансарды.

Я слышал не раз
И испытывал муки,
Терпя их романсы,
Кантаты и фуги.

Хотя говорят
Знатоки авангарда,
Что музыка эта
Покруче поп-арта,

Что нам не понять
Глубины их гармоний
И дивных мелодий
Кошачьих симфоний!

Мне в этих концертах
Одно лишь приятно:
Коты их дают
Совершенно бесплатно!

ДОРОГА В СКАЗКУ

Иван-царевич едет!

Говорят порой в Европе,
Что у нас лишь грязь да топи...
А у нас, на Руси,
Волки ездят как такси!

Конёк-горбунок

То болото,
То овраг,
То коряга,
То пенёк.
— Ты, Иван, совсем дурак! —
Говорит ему конёк.

Сотня вёрст сплошных колдобин —
Как проедешь по лесам?
Проскочить лишь я способен,
Да и то — по небесам!

Емеля

Раскинулись вольно
Долины и степи.
Емеля колонну
Везёт на прицепе

По полю, по лугу,
По травке-муравке...
Вот только хватило бы
Дров до заправки!

Сказка о золотой рыбке

Дорога разбита,
Водою залита.
Машина застряла...
Ну что за корыто!

— О, рыбка! —
Испуган старик не на шутку. —
Прошу я не джип...
А хотя бы попутку!

Принцесса на горошине

Принцесса спешила
В соседнюю сказку:
Она положила
Подушки в коляску,
Матрасов штук десять
Для дальней дороги...
И что же с принцессой
Случилось в итоге?

Бедняжка в пути
Не спала и не ела,
На пять килограммов
Она похудела.
Тут кочка на кочке,
Там яма на яме...
Отделалась, впрочем,
Она синяками.

Когда из кареты
Она вылезала,
То громко и неэтикетно
Сказала:
— Что разные дуры
Сидят на диете?
Пусть ездят
По нашим дорогам в карете!

Крокодил

В село приехал крокодил
И прямо в лужу угодил:
«Мой милый, хороший,
Пришли мне галоши,
И мне, и жене, и Тотоше!»

СОДЕРЖАНИЕ

Литературно-художественное издание
Для младшего школьного возраста
СЕРИЯ «44 ВЕСЁЛЫХ СТИХА»

Андрей Усачёв
Виктор Чижиков

ГОРОД СМЕХА

Ответственный редактор *Александра Евстратова*
Художественный редактор *Вадим Пожидаев-мл.*
Обработка иллюстраций *Дмитрия Кабакова*
Техническая редактура и верстка *Елены Антоновой*
Корректор *Ольга Смирнова*

Руководитель проекта *Антон Соя*

Подписано в печать 01.03.2012. Формат издания 84×108 $^1/_{16}$. Печать офсетная.
Гарнитура NewtonC. Усл. печ. л. 6,72. Тираж 4000 экз. Заказ №2219/12

ООО «Издательская Группа „Азбука-Аттикус“» —
обладатель товарного знака АЗБУКА®
119991, Москва, 5-й Донской проезд, д. 15, стр. 4

Филиал ООО «Издательская Группа „Азбука-Аттикус“» в Санкт-Петербурге
196105, Санкт-Петербург, ул. Решетникова, д. 15

ЧП «Издательство „Махаон-Украина“»
04073, Киев, Московский пр., д. 6 (2-й этаж)

Отпечатано в соответствии с предоставленными материалами
в ЗАО «ИПК Парето-Принт», г. Тверь
www.pareto-print.ru

ПО ВОПРОСАМ РАСПРОСТРАНЕНИЯ ОБРАЩАЙТЕСЬ:
В Москве:
ООО «Издательская Группа „Азбука-Аттикус“»
Тел.: (495) 933-76-00, факс: (495) 933-76-19
E-mail: sales@atticus-group.ru; info@azbooka-m.ru

В Санкт-Петербурге:
Филиал ООО «Издательская Группа „Азбука-Аттикус“»
Тел.: (812) 324-61-49, 388-94-38, 327-04-56, 321-66-58, факс: (812) 321-66-60
E-mail: trade@azbooka.spb.ru; atticus@azbooka.spb.ru

В Киеве:
ЧП «Издательство „Махаон-Украина“»
Тел./факс: (044) 490-99-01
E-mail: sale@machaon.kiev.ua

Сайты в Интернете: www.azbooka.ru; www.atticus-group.ru

CAHH725002R